小小设计师

[拉脱维亚] 戴娜·加加·艾克 著/绘　郭晓晨 译

GUANGXI NORMAL UNIVERSITY PRESS
广西师范大学出版社
·桂林·

什么是设计   4

设计师是谁   5

平面设计师   6

服装设计师   32

室内设计师   50

颜色喜欢玩游戏   70

设计方法   78

爱工作的人   92

后记   96

小小设计师的工作表   97

什么是设计

温室里可以长出黄瓜。蛋壳破了，会从里面钻出一只小鸡。大自然是一个神奇的造物者，创造出我们周围的一切。

而除了大自然创造的世界，还有一些东西并非"天生的"。人类会根据自己的需要，创造新的东西，它们与自然的产物不同，这个创造的过程就叫"设计"。

好的设计会让物品变得更舒服、更实用、更有趣、更美好、更受欢迎，甚至人人都想拥有。

设计师是谁

设计师，也可以叫创意者，其实就是做设计工作的人。他们需要把自己脑海中设想的新事物通过绘制或以各种视觉形式传达出来，展示给其他人看。所有设计师都有一个共同的目标——让生活变得更美好。为了实现这个目标，设计师们需要充分了解使用者的需求和想法，设身处地地为使用者考虑。设计师必须要有一定的艺术创意天赋且习得一定的技能。

设计师遍布各个领域，每个专业领域的设计师都需要拥有不同的专业技能。让我们先来了解三种设计师：**平面设计师、服装设计师和室内设计师**。

平面设计师

平面设计师，是使用各种元素符号来完成特定任务的艺术家。平面设计师就是一个"符号人"，他们运用文字、颜色、图片等元素来创建包含各种信息的特殊符号。比如，街道名、建筑上标识的字母，会清晰地指示出去往商店、药店、幼儿园或者学校的道路，避免你迷失在纷繁复杂的城市里。再比如，商店里各种商品包装上的说明，它们有助于你做出正确的选择，买到你所需要的物品。

　　如果没有这些标志，一切将变得难以理解，我们的生活将陷入一片混乱，真是令人难以想象！

　　而完成这些看似平常的设计，并非一日之功，而是需要一步步完善。

我们来看看这里有什么——

似乎是谁在沙滩上留下的脚印。

从形状来看，应该是鸟儿在此逗留过。

嗯嗯嗯……

这里看上去很可疑，是谁在此逗留过？

9

啊！

啊——救命啊！
附近有熊出没！

10

我是一匹
史前马。

人们渐渐意识到，自己不仅可以读懂符号，还可以创造符号。后来，古人在石头上慢慢尝试用象形符号把客观物体的形象记录下来。

在这个瞬息万变的网络时代，符号仍然发挥着重要的作用。一个符号甚至比一段文字传递的信息都多。你最喜欢用什么符号，是"心形"，是"笑脸"，还是一个简单的"问号"？

这些符号可以帮助我们选择、发现和学习新事物。

它们让世界变得更有趣。

设计这些符号的人，就是平面设计师。他们的工作地点非常灵活，既可以独自在家办公，也可以和同事一起在办公室上班。他们的着装也很随意，不用像警察或者医生那样穿制服上班，他们可以穿成任何自己喜欢的样子。毕竟，设计师也是艺术家呢！

电脑、照相机、笔和纸，
这些可都是平面设计师从事设计工作的主要工具。

有些符号格外重要，比如警示标志，

它们甚至会拯救你的生命！

嘎嘎，嘎嘎……
今晚不要出什么事啊！

平面设计师在设计交通警示标志时要非常细心，确保警示标志在夜里与在白天时一样清晰可见，以便让司机在很远处就知道前面有危险。

天哪！还好有警示标志，不然
司机可就把车开到河里去了。

你的爸爸妈妈平时看杂志吗？你平时看漫画书吗？平面设计师的任务就是把图片和文章进行编排，让所有内容的逻辑与层次关系清晰可见，使读者首先阅读到最重要的内容。除了方便读者阅读，平面设计师还要确保所有的标题、文本、图片都要放对位置。

雄狮之心
男士专刊

探险与冒险

每次爸爸一收到他订阅的心爱的杂志，
就顾不上做其他事情了。

妈妈需要买些针
对干枯毛燥头发使用的
洗发水，来改善她的发质。
洗发水的包装设计，比如
瓶子的形状、瓶身的图案及
功能介绍等元素，都能帮助她
找到适合自己的产品。

**没错，
就是这个！**

儿童洗发水

无硅油

男士洗发水

哪种口味的糖果是妹妹最喜欢的呢？

那种带星星的！太好吃啦！

这么多糖果，这么多种口味，只要通过糖纸就能把它们区分开啦。

天哪！

是谁把所有的糖果都吃掉了！这不会是你干的吧？
啊哈，看看你嘴上的巧克力小·胡子，我知道是谁啦……

乔治还真有一对巧克力小胡子。
乔治最近遇到了一点儿小困难，他四处打听著名平面设计师马蒂斯，希望能够得到他的帮助——

21

可以请您为我设计一下牛奶盒吗？我想让所有的消费者都知道，这是世界上**最棒的牛奶**！

没问题！

乔治开了一家牛奶厂，厂里生产的牛奶非常美味，而且有益健康。但是，商店里牛奶的品类太多了……

马蒂斯的任务就是为乔治设计出与众不同的包装，让所有人都想买他的牛奶。

马蒂斯了解乔治的意图后，陷入了持久的、深沉的思考。
他需要好好想一想。

马蒂斯要设计牛奶盒的样子，
比如它的形状、颜色、图案等等。

用哪个图案呢?

很难选出最好的一个。

哪种颜色更适合牛奶盒呢？

像草莓一样的红色？

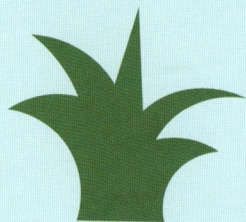

像草一样的绿色？

像太阳一样的金黄色？

像天空一样的蓝色？

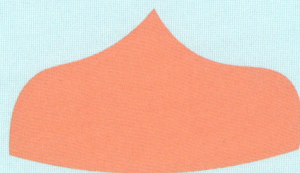

像棉花糖一样的粉色？

还是……
就像牛奶一样的白色？

包装上的图案大小呢?

超大,

中等,

还是

很小,

更小?

马蒂斯把所有的元素放到一起……

牛奶

牛奶

就这样，一个崭新的牛奶包装盒诞生啦！
牛奶也可以上架了。

乔治的牛奶成了商店里的热销款，一上架就卖光了。

漂亮!

精致!

太棒了!

乔治的牛奶盒精致又漂亮,每个人都想买他的牛奶。
乔治兴奋极了:"太棒了,我们成功啦!"

服装设计师

服装设计师主要设计服装。

衣服可以保暖、防晒，此外，一个人的衣着往往反映出他的性格、品位、生活习惯等信息。你的衣着会改变人们对你的印象和看法。

服装设计师要考虑不同职业的人"应该"穿什么衣服更合适，然后设计出对应的服装。比如警察、医生、飞行员、消防员，他们的着装都有比较严格的要求，有自己的职业制服。运动员也不例外，他们的着装并不随意，既要舒服又要时尚。

在一些特殊的日子里，比如生日，毕业典礼、结婚典礼时，人们都会穿得特别一些。想象一下，新娘穿着婚纱，盛装结婚的样子有多美！服装设计师的工作就是满足人们的这些需求。他们要画草图，了解客户的体型和尺码，还要挑选合适的面料。

鸟儿有羽毛。

动物有皮毛。

看，我的皮毛
是不是很迷人？

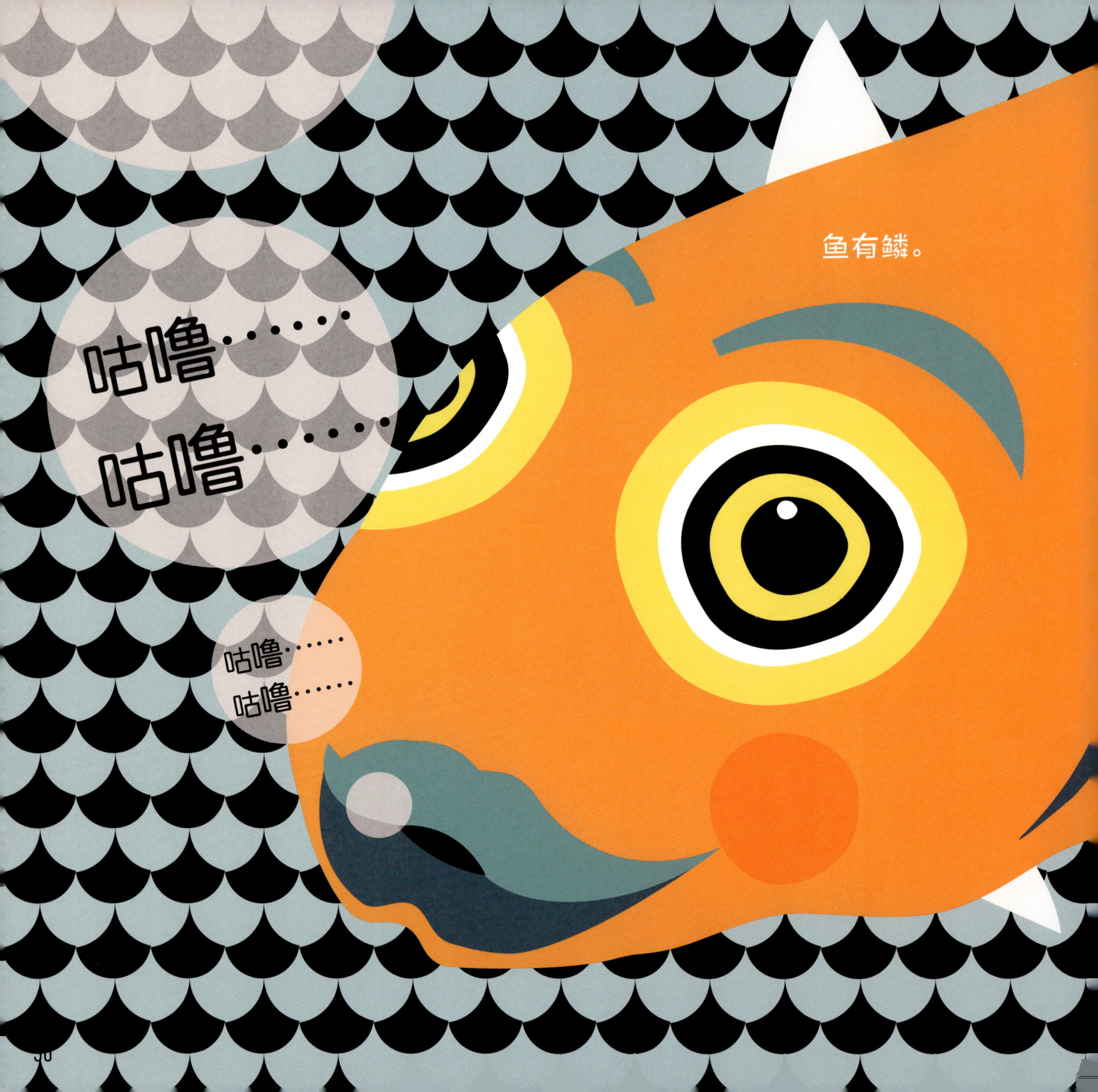

鱼有鳞。

而人出生的时候是赤裸的，
人需要衣服！

爸爸，
我要结婚了哦！

乔治的女儿莉娜要结婚了，他要请一位著名的
服装设计师给女儿设计婚纱。

蝴蝶元素非常适合莉娜这个活泼的女孩子。

于是他找到了服装设计师戴维斯。戴维斯同意了，他开动脑筋投入工作。

首先，他要为莉娜"量体裁衣"。

肩宽

臂长

腰围

腿长

戴维斯还要考虑裙子的长度——是裙摆在膝盖以上的短款，还是到脚踝的长款？

40

戴维斯要准
备好裙子的裁剪
小样。

他必须参照小
样，把衣服的各个
部分描绘到布料上，
然后把它们剪下来，

再把
它们缝在一起。

41

来自米兰的宝石。

来自纽约的蕾丝

来自伦敦的网纱

多亏快递准时，所有的配饰都可以派上用场了。

万事俱备，接下来，戴维斯要像变魔术一样，将他的设想变成现实。

要制作世界上最美丽的婚纱，他还需要一台缝纫机把那些不同寻常、引人注目的配饰装饰到婚纱上。

婚纱做好了，莉娜结婚的日子也到了。

婚礼当天，莉娜穿上婚纱，内心的喜悦难以言表。亲朋好友们
高声欢呼，乔治流下了激动的泪水。在服装设计师的包装下，
莉娜就像天上的星星降临人间，楚楚动人。

永结 ♥ 同心

莉娜永远都不会忘记这一天，更不会忘记她那身无与伦比的婚纱。

但是对于戴维斯来说，时间并不会定格在某一刻或某一件

作品上，他还要为时装秀设计 20 组套装呢。

在冬季，服装设计师要设计他的春夏系列。

而到了夏季，服装设计师又要思考秋冬新系列——衣服要提前设计出来，才能让消费者在换季时刚好穿上。

时装秀是服装设计师的重要活动，戴维斯收到了好友的祝贺与赞美。此外，还有一份更宝贵的礼物——

亲爱的戴维斯先生：

穿上婚纱的那一刻，我觉得自己是世界上最美的新娘。真心感谢您，祝您每天开心！

莉娜

室内设计师

室内设计师的工作内容是布置、装饰房屋内的空间，他们为公寓、咖啡馆和其他公共场所进行室内设计。室内设计师在工作中会用到各种建材、家具和颜料。室内设计师在建筑完成之前不会参与任何实地建筑工作，只会对已经完工的建筑进行室内空间优化。

　　室内设计师的工作是为使用者创造一个舒适优雅的空间。他们需要充分了解使用者的需求，布置的家具，选择的颜色、室内装饰物等都要符合使用者的审美观，以便使用者在很长一段时间内都能享受它。

蜗牛把家背在身上，它的家里会有什么呢？

当我们想到人类的家时，首先想到的是家具、地毯、瓷砖和窗帘。

晚上，我们看到万家灯火，就知道房子的主人回来了。
这么多房子，房子里的每个人都有自己的梦想和心愿。

所有的房子都有墙面、地面、天花板，
这是构成一个空间最基本的要素。

室内设计师对空间进行创造性的设计和装修布置，填补空白。

每一个家都有它独特的风格，
就如同家里每个人都有不同的性格。

每个人心中都有
一个不同的家。

安德森家的每一位
成员也是如此。

妈妈认为，家给人的感觉应该是休闲、舒适、放松的。
她喜欢淡淡的、柔和的色调，软软的小毯子，色彩清新的
靠垫，舒服的沙发，以及各种植物。

爸爸认为，家里最重要的地方是浴室。他最享受下班回家后的泡澡时光了——这让他回想起自己的童年，无忧无虑，那种感觉真好！

我想住在
一座城堡里，
就像公主那样。

我给你画一下
我的家，超级大，
超级酷炫，保证你
从来没见过！

童年时期的梦想都是美好的、没有任何约束，那时
一切梦想都会实现。

喵呜……我没有自己
的小床，也没有小椅子。
喵呜……我多希望有个
属于自己的小角落！
喵呜……

室内设计师会考虑所有
成员的喜好和需求，当然也
包括猫咪的。

呃……要设计一个让所有家庭成员都感到舒适的家并不是一件容易的事，但这可难不倒室内设计师古德加，她正在为安德森一家做设计方案，要把他们家的这栋两层小楼包装一下。她思如泉涌，很快便投入工作。

壁纸目录

每个优秀的室内设计师都有一个万能工具包，容纳工作时可能会用到的所有的工具——卷尺、色卡、壁纸目录，以及笔记本电脑。

古德加先绘制了房屋平面图，然后确定所有家具的位置。

桌椅

沙发

窗

床

餐厅

马桶

排水区

衣架

浴缸

门

整个图就像人从天花板向下看的样子。

孩子们的卧室

餐厅

主卧室

浴室

"安德森之家" 室内设计项目

很快，室内设计图就完成了。古德加向安德森一家演示整体效果。她充分考虑到了每个家庭成员的需求和感受，安德森一家都很满意。

亲爱的，这太棒了！多亏了室内设计师，
我们就要住进这样一个舒适、
温馨而又时尚的房子里啦！
这些色彩搭配舒适宜人，
这么完美的设计真是
让人欣喜若狂！

太太开心，我就心满意足了。

69

颜色喜欢玩游戏

　　颜色在设计中至关重要，每一位设计师和艺术家都会用到颜色，他们善于用颜色表达不同的情绪和情感。有些颜色搭配起来舒缓柔和，有些颜色搭配起来对比强烈。你仔细观察一下，就会感受到它们的不同。

　　大自然教会了我们很多关于颜色的知识。炎炎夏日，大地仿佛被太阳染成了暖黄色。我们用这种颜色涂染、画画时，也会传递出温暖、炫目的感觉。

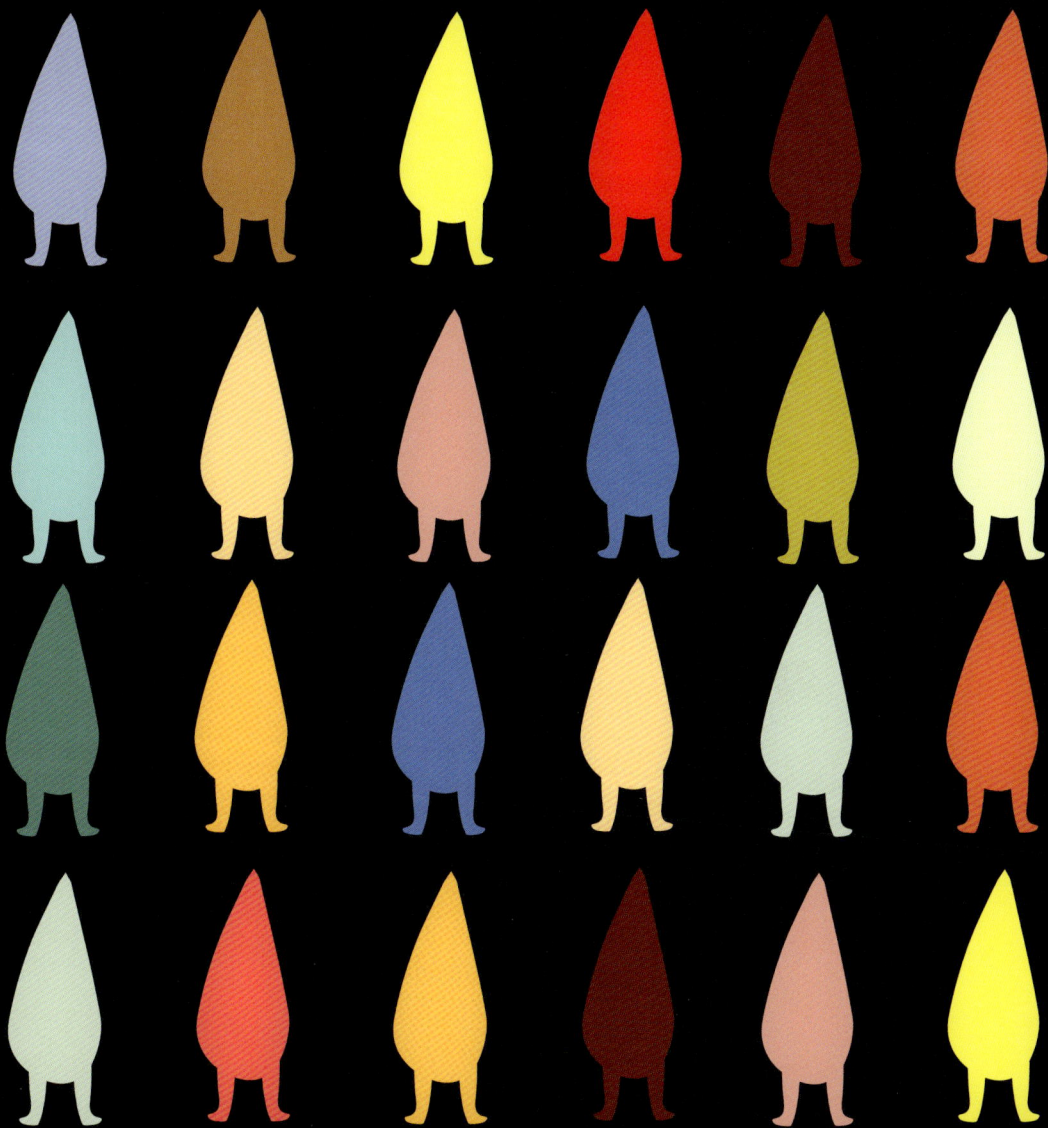

看到这幅图的时候，我感觉有点儿冷。
所以这些是——

"冷色调"。

红色、黄色和橘色会让你感到温暖，

所以这些是——

"暖色调" 。

柔和的颜色会让人想到糖果、棉花糖还有冰激凌，
所以我们可以把这些颜色叫作——

"糖果色"。

这是要有火花
从页面中蹦出来了吗?
不能盯着看太久,
这是——

"愤怒的颜色"。

一种平静、安宁的感觉
在内心深处涌动。
或许，我们应该把这些颜色
叫作——

"平静的颜色"。

你可以尝试不同的颜色搭配——看看你能够想出多少种不同的组合。另外，感受它们在组合后会碰撞出怎样奇妙的故事。

想一想，有哪些颜色组合在一起，更适合表达**友情**、**亲情**、**爱情**，等等。

设计方法

"设计方法" 这个词并没有听上去那样复杂。

设计方法在创造、设计时非常有用。我们喝汤的时候要用勺子，吃意大利面的时候要用叉子，而品尝美味的奶昔时，只需要一根吸管就足够了。设计师和艺术家为了实现他们的设想，会参考不同的设计标准。

　　这些理解起来很复杂，是吗？没关系，翻到下一页，你就都明白了。

保持平衡

给人很自信、
很稳固的感觉。

严肃的作品适合通过"平衡"来体现。

它好像
马上就要掉下去了。

啊
！

i当

啊！

不好啦

点缀

别在裙子上的花朵就是很好的点缀。类似的还有沙发上鼓鼓的靠枕、冰激凌上的樱桃等等。

纹理

经常运用于室内设计，比如墙纸上就有各式各样的纹理印花。

反差

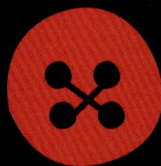

如果你想特别突出某个元素，可以运用反差设计，这样从远处也可以明显地看到它。很多指示牌和标志都运用了反差色。

比例是指物体的大小·对比。比如，成年狮子的身材是 3 岁女孩的几倍呢？

比例

设计就像音乐一样，是有节奏的，时而激情澎湃，时而静谧舒缓，时而戛然而止。

节奏

距离越近的物体，看起来越大。从远处看，山顶就像一个小·圆点。

当然，这些都是错觉。

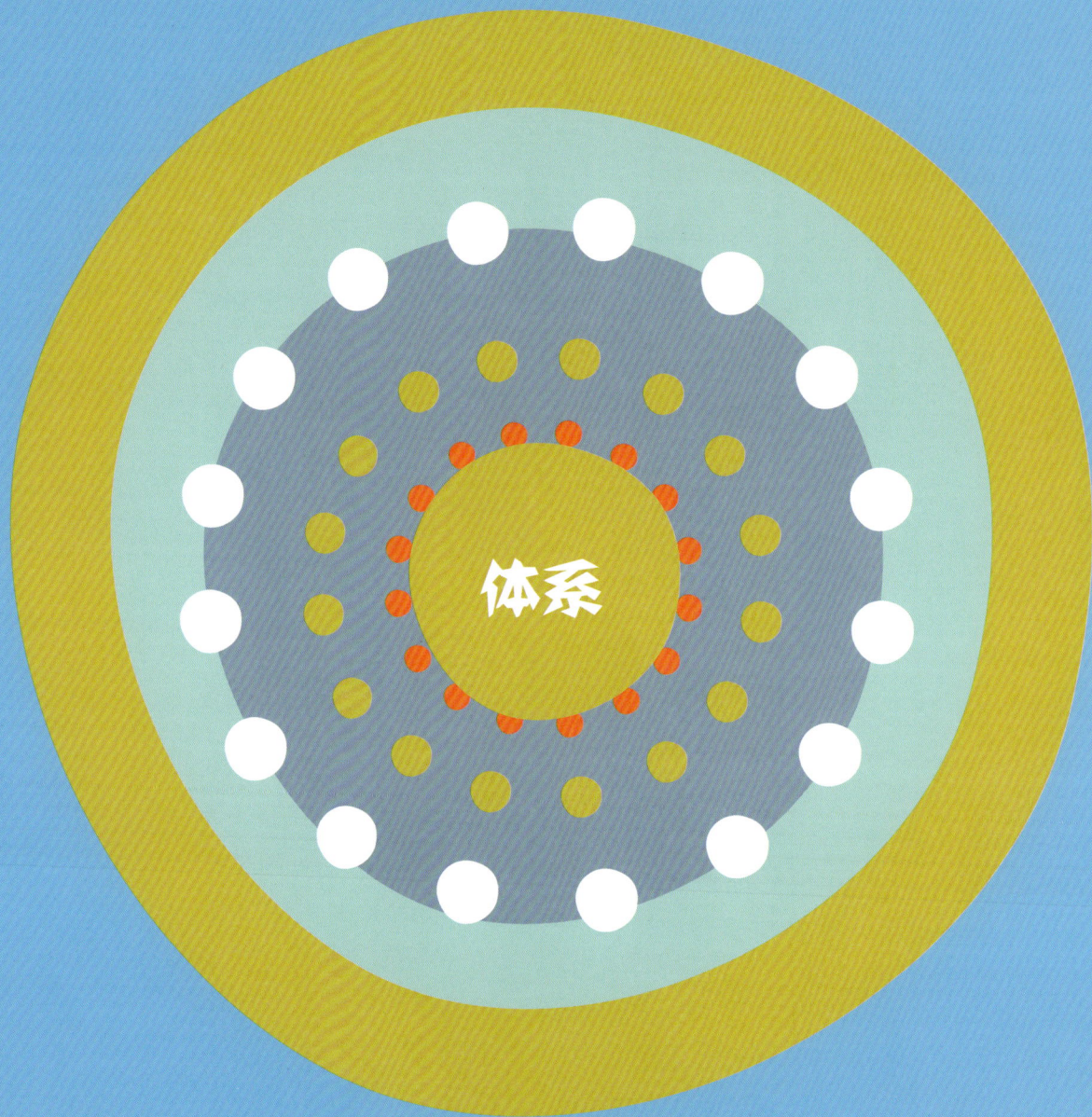

体系

万物皆有序。

零乱

设计师要遵守的终极原则

就是——

没有原则，自由发挥！

爱工作的人

让我们来认识一下这三位设计师吧——
古德加、马蒂斯和戴维斯。

古德加·扎克·西姆加

室内设计师

我从小就喜欢把房间布置得很漂亮，长大后如愿以偿，成了一名室内设计师。我很享受那种为别人考虑的感觉，会尝试各种体验，比如给墙壁喷漆、搭脚手架、缝窗帘等等。当我的家人和朋友欣赏和赞美我的工作时，我会非常开心。工作二十多年以来，我给很多人做过室内设计，有我的家人、医生、律师、学生，甚至还有小朋友。每个人都需要私人空间，室内设计师的工作就是让这个空间变舒服。

我觉得这个工作棒极了！

马蒂斯·兹瓦伊泽

平面设计师

小时候，我想做一名探险家或发明家（二选一太难了）。我爱读尚·库斯托的探险故事，也曾在本子上写下自己的小发明和各种探险经历。长大后，我成了一名平面设计师，通过不同的颜色、文字、照片和插画传达信息，帮助人们理解。很多时候，图像比文字更具表现力。

做平面设计总让人兴奋。每天我都可以实践一些新想法，接触很多创意工作的专业人员，比如摄影师、电影导演、画家和音乐家。我们共同合作去完成一部意义非凡的作品，这种感觉太棒了！

戴维斯

服装设计师

这份工作简直棒极了：不用早起，每天都在优美的工作环境中度过，一直跟时尚、漂亮的人打交道。除此之外，看到人们因为穿上我设计的衣服而与众不同时，我感觉很满足。

脱了衣服我们都是一样的，但是，当我们穿上衣服后，人与人之间的差别就体现出来了。一个人的衣着非常重要，它往往代表着他的性格、品位等等，"人靠衣装"是非常有道理的。做服装设计师是一件非常有趣的事情！

后记

你所能想到的最复杂的事情，其实都是从一张白纸开始的。人的大脑很强大，可以把很多点子集合到一起，发明出新鲜事物。那些不起眼的草图里藏着很多大作，也许下一个了不起的设计就出自你的手里。我真的希望是你！

非常感谢我的爱人安德烈亚斯和孩子们 —— 菲丽西塔、克里斯多夫、索菲亚，还有亚历山大，感谢他们在我创作这本书的过程中给予我支持和启发。

戴娜 · 加加 · 艾克

**做自己喜欢的事情，我们都会很快乐。
快乐会让世界变得更美好！**

小小设计师的工作表

你可以根据这些工作表进行不同的练习。你可以按照说明操作，也可以自由发挥。你可以用铅笔或签字笔画图，也可以使用贴纸完成。此页的背面是你的颜色训练营，方框里可以涂颜色。配合贴纸，快去设计一些有趣的构图吧，记住，开心最重要！

行动起来吧！

快速浏览下面三个标志！

 ?  ?  ?

你感觉哪个看起来更能显示"快速"？

现在，用三种不同的方式来设计"慢"这个字吧。

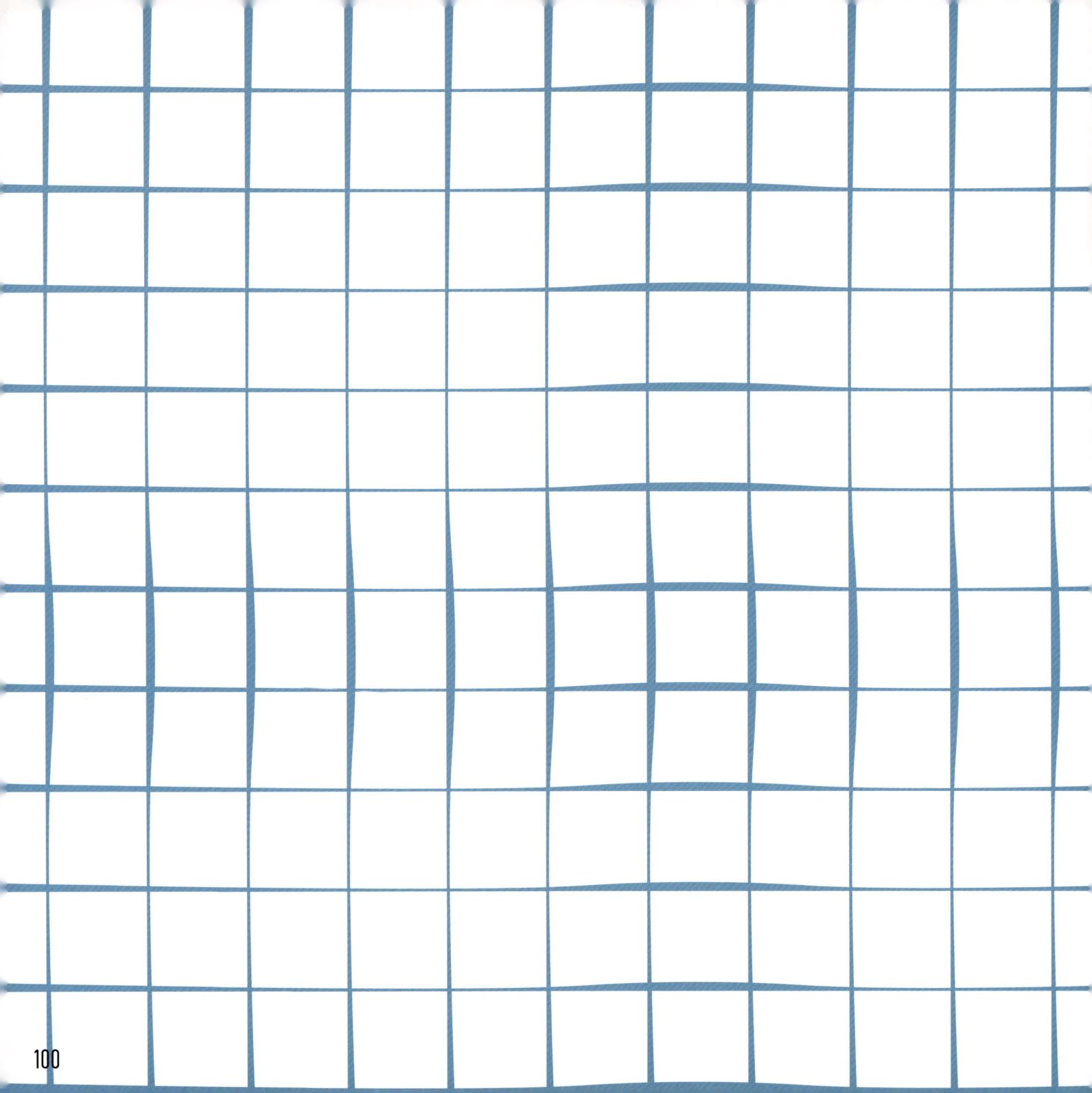

给这个蛋糕加一些纹理。

如果让你来设计牛奶的包装盒，那会是什么样子的呢？
将它画下来吧。仔细想一想，包装盒不一定非得是长方形的吧？

 ＋  ＝

鞋子　　　　　　梯子　　　　　　高跟鞋

裙子　　　　　　蛋糕　　　　　　＝

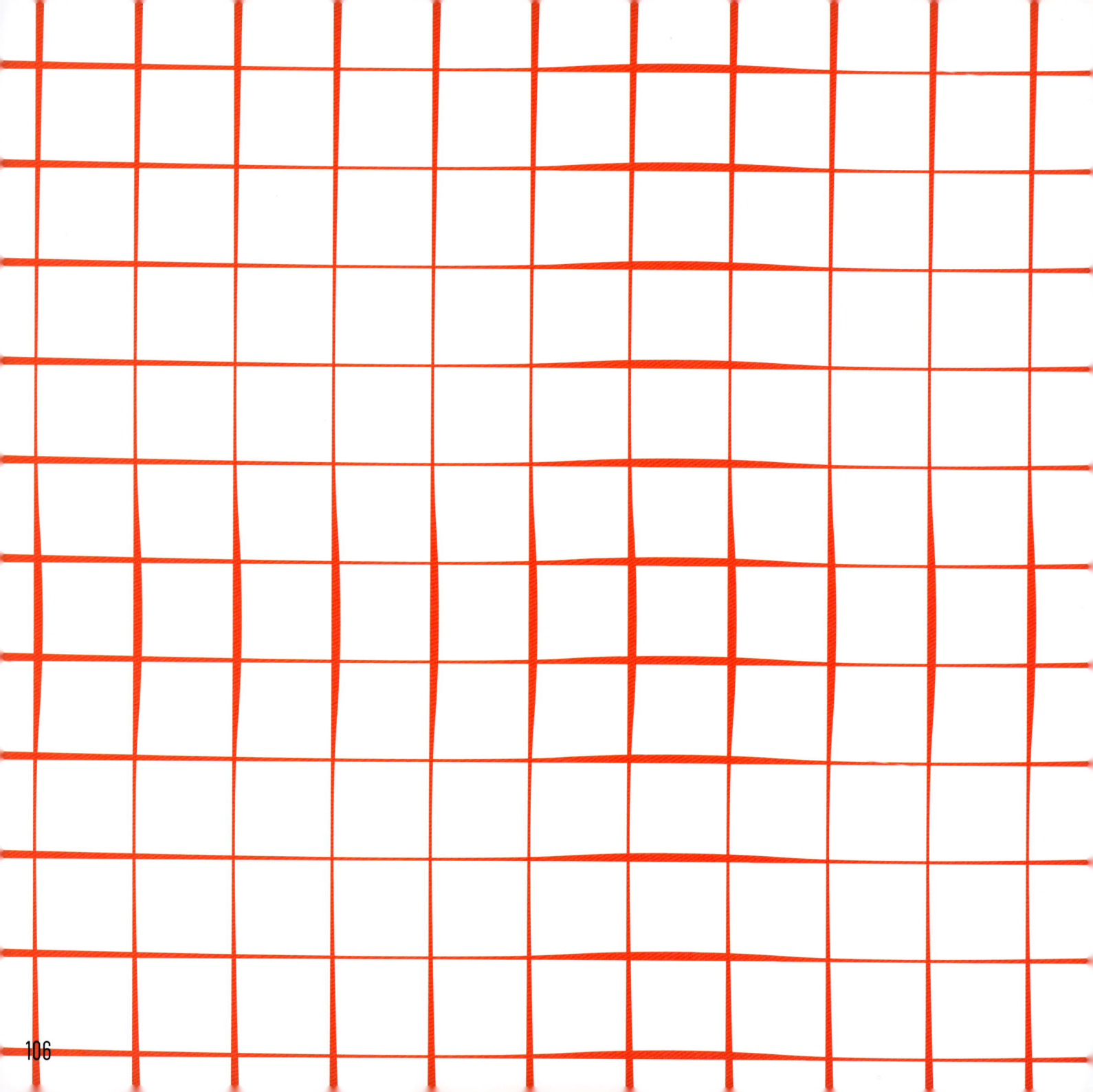

为乔治设计一顶帽子吧。

小心，这里有鲨鱼！快来设计一个警示标志。

为这条裙子加上美丽的图案。

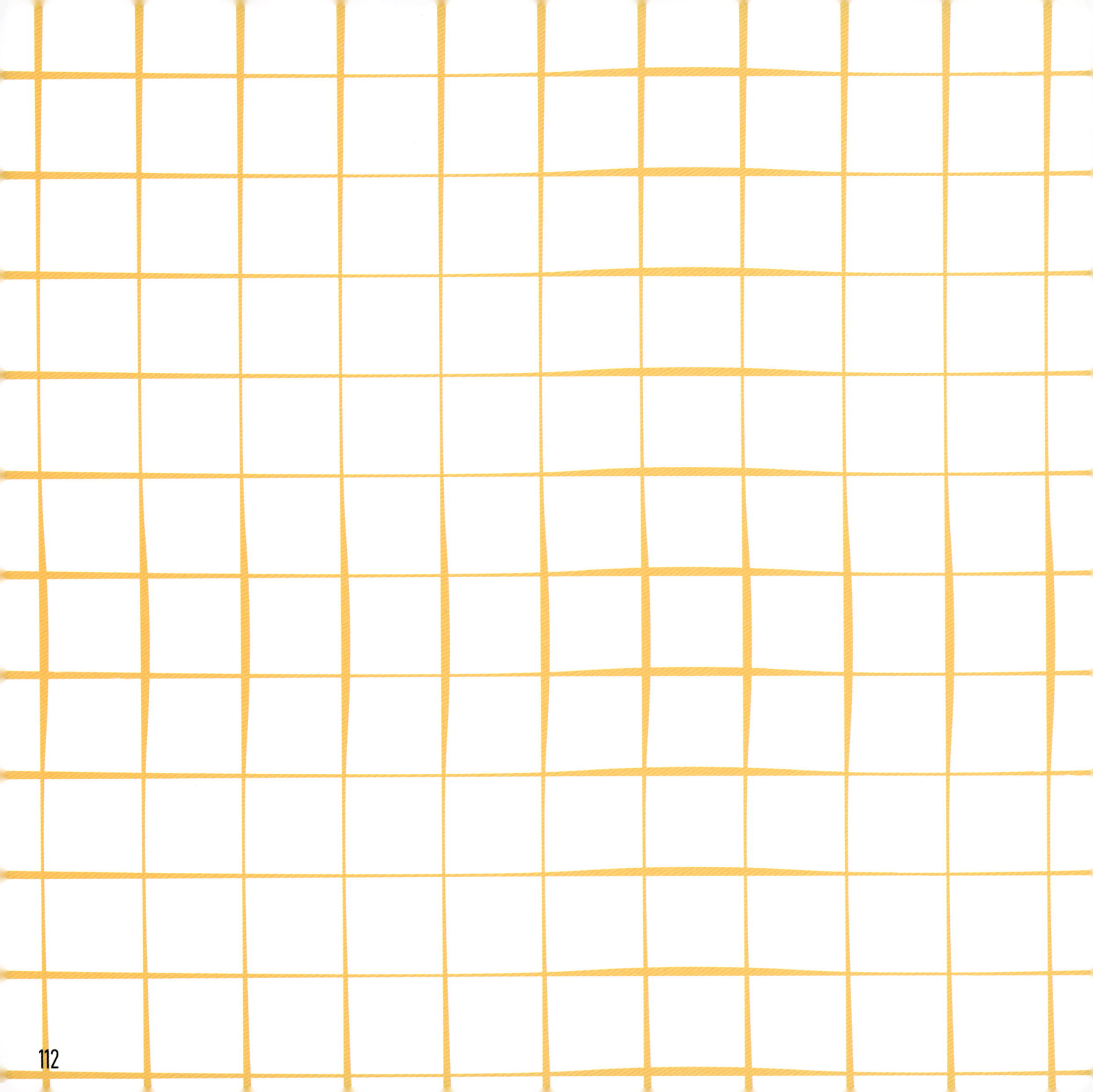

给这两瓶果汁贴上标签吧！

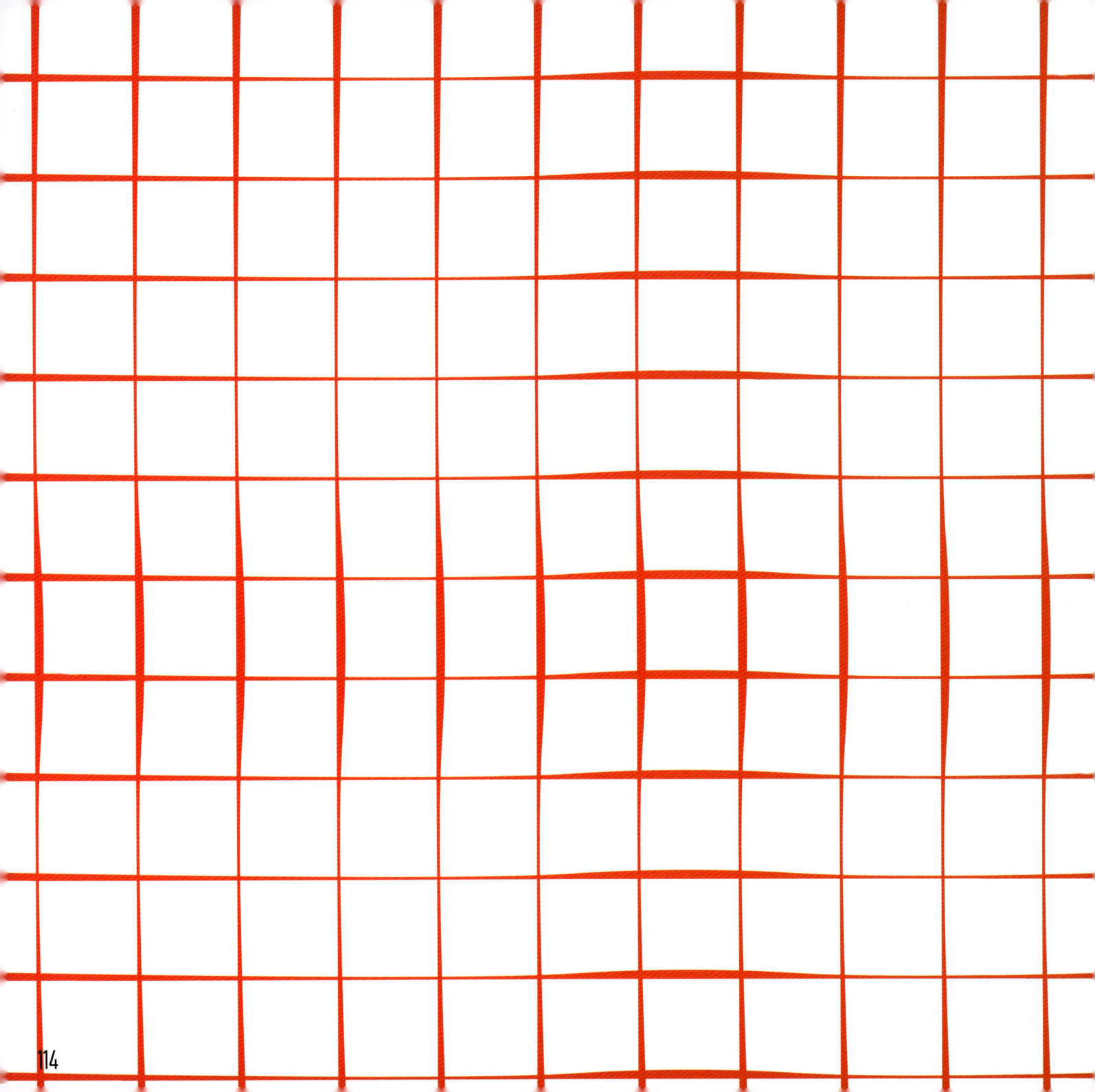

制作一些几何形状的贴纸，为自己设计几件家具。

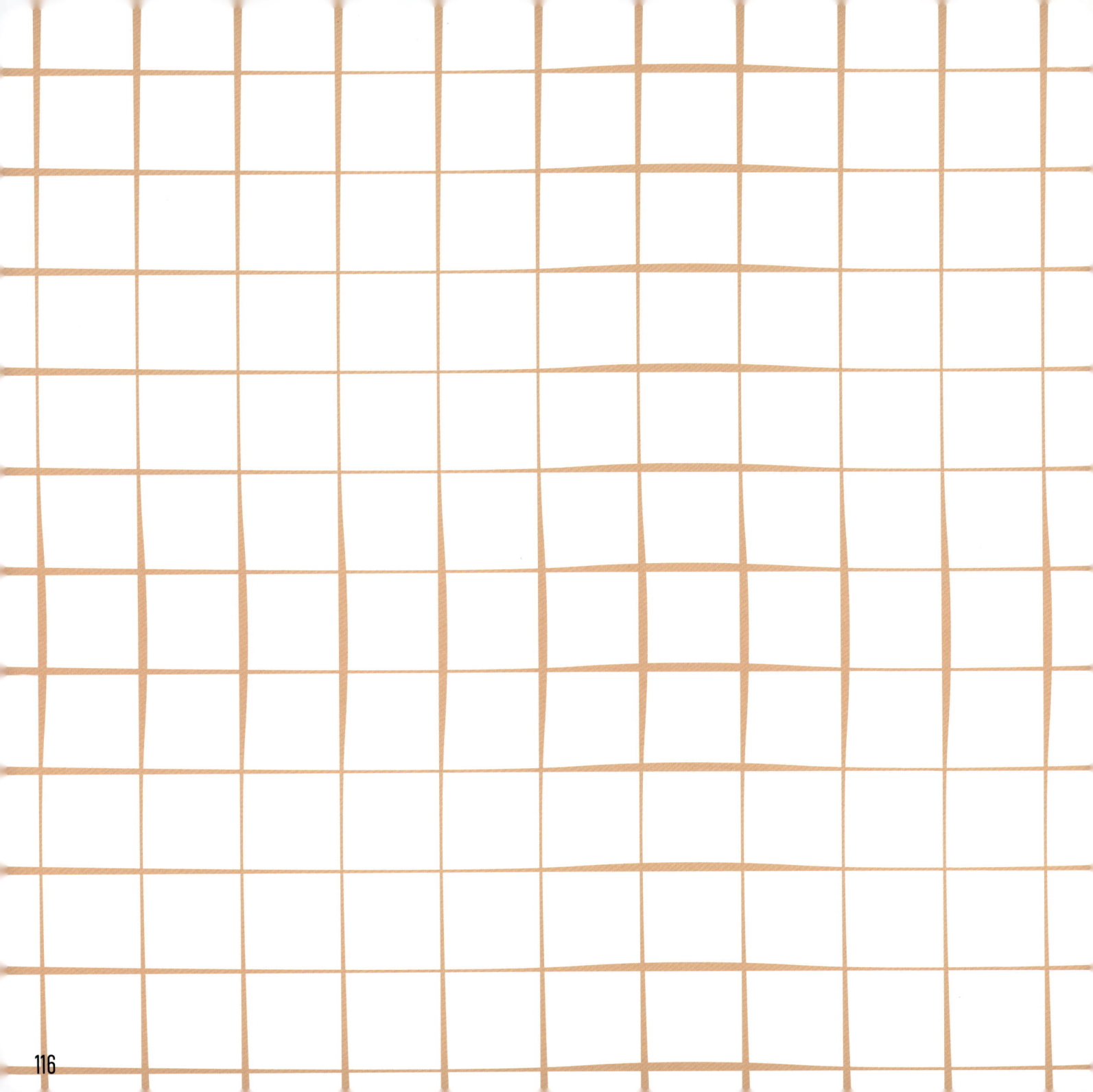

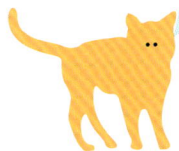

给我画间小房子吧！

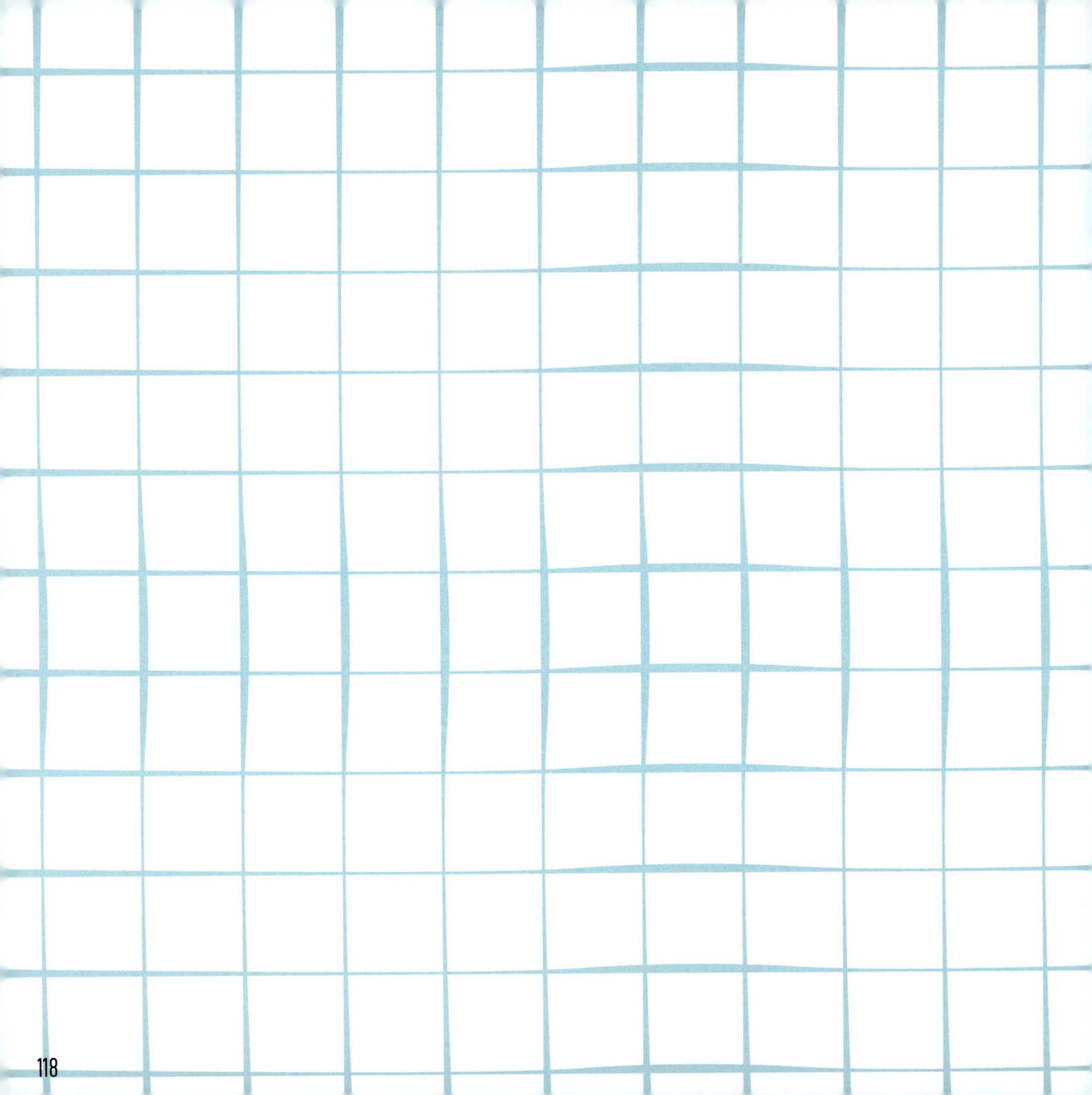

🐱 ❤️ 牛奶

你要写一封信，但是不能写字，只能画画。

牛奶

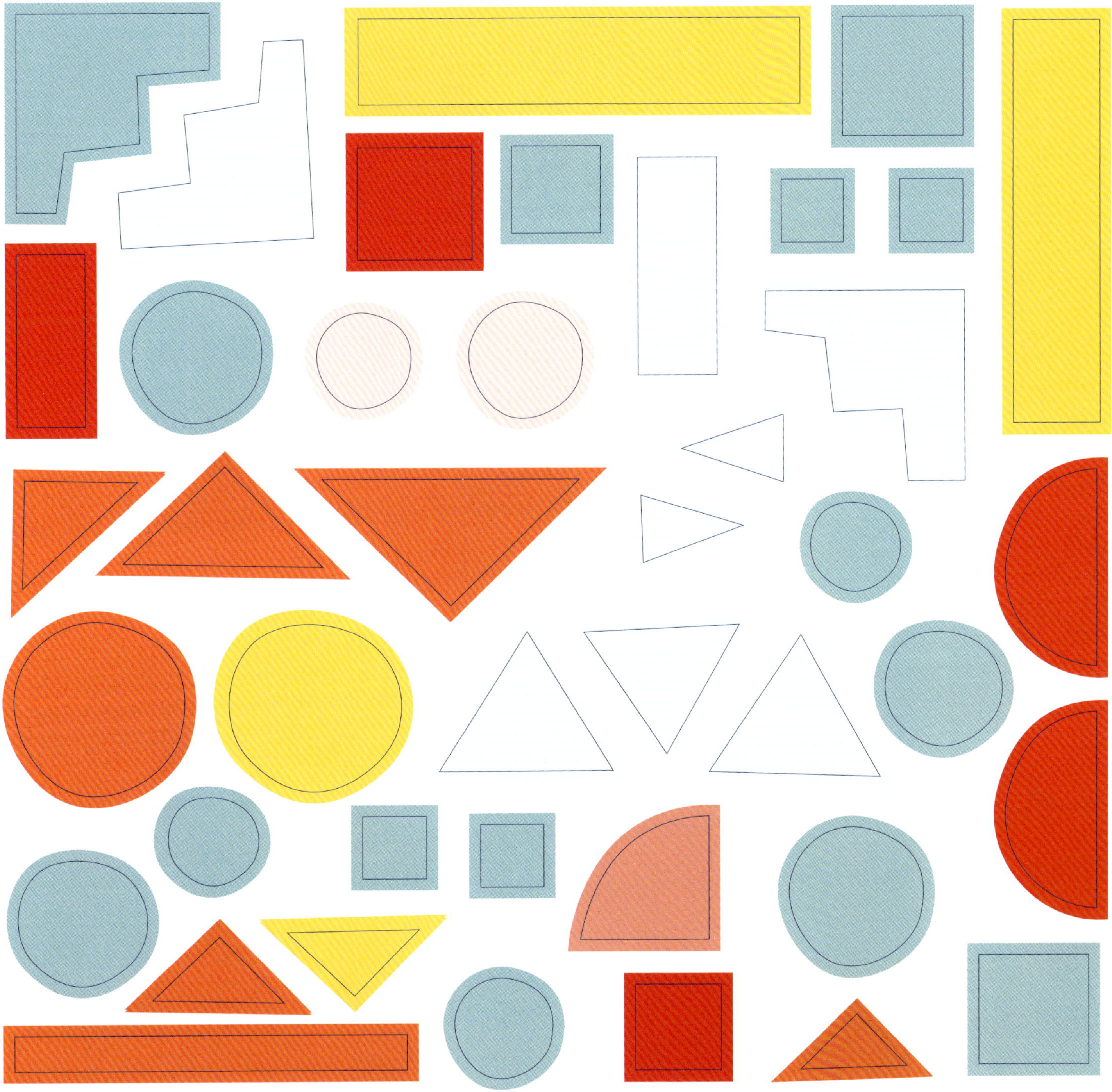

XIAOXIAO SHEJISHI
小小设计师

出版统筹：汤文辉
品牌总监：耿　磊
选题策划：耿　磊　霍　芳
责任编辑：霍　芳
美术编辑：刘冬敏
营销编辑：杜文心　钟小文
版权联络：郭晓晨
责任技编：李春林

著作权合同登记号桂图登字：20-2019-184 号

图书在版编目（CIP）数据

小小设计师 ／（拉脱）戴娜·加加·艾克著绘；郭晓晨译. —桂林：
广西师范大学出版社，2020.7
　ISBN 978-7-5598-2933-7

　Ⅰ．①小… Ⅱ．①戴… ②郭… Ⅲ．①常识课－学前教育－教学参考
资料 Ⅳ．①G613.3

　中国版本图书馆 CIP 数据核字（2020）第 098842 号

广西师范大学出版社出版发行
（广西桂林市五里店路 9 号　邮政编码：541004）
（网址：http://www.bbtpress.com）
出版人：黄轩庄
全国新华书店经销
北京博海升彩色印刷有限公司印刷
（北京市通州区中关村科技园通州园金桥科技产业基地环宇路 6 号　邮政编码：100076）
开本：889 mm × 1 194 mm　1/20
印张：6.2　　字数：74 千字
2020 年 7 月第 1 版　　2020 年 7 月第 1 次印刷
定价：69.80 元